LES 30 ÉVÉNEMENTS QUI ONT MARQUÉ L'HISTOIRE DE LA BELGIQUE

AXEL TIXHON
PASCAL BALTZER

LES 30 ÉVÉNEMENTS QUI ONT MARQUÉ L'HISTOIRE DE LA BELGIQUE

AUZOU

AVANT-PROPOS

Bonjour !
Je m'appelle Axel et je suis passionné d'histoire ! Aujourd'hui, c'est dans l'histoire de la **BELGIQUE** que je souhaite me plonger. Elle est captivante !
Toi aussi, tu souhaites en apprendre plus sur les grands événements qui ont marqué ce pays ?
Je t'invite alors à me suivre dans le labyrinthe sinueux des bibliothèques, à la recherche des secrets cachés au cœur des vieux parchemins.

SAVAIS-TU que Charlemagne était originaire de la région de Liège ? Et que les villes de Liège, Anvers, Bruxelles, Bruges et Louvain étaient très riches et prestigieuses au Moyen Âge ?
Savais-tu encore que la Belgique a appartenu tour à tour à la France, à l'Espagne, à l'Autriche et aux Pays-Bas ?

La Belgique est peut-être un petit pays, mais elle a un passé très riche, qui remonte bien avant 1830, date de son indépendance.

Depuis la victoire de Jules César sur les tribus belges en 57 avant J.-C., qui étaient, selon lui, « les plus braves », aux attentats terroristes de Bruxelles en 2016, pars à la découverte des trente événements qui ont marqué l'histoire du pays.

Suis Axel dans ses recherches et découvre de nombreuses choses incroyables sur la Belgique !

Tous les mots marqués d'une « * » sont expliqués dans le glossaire (pages 68-69).

SOMMAIRE

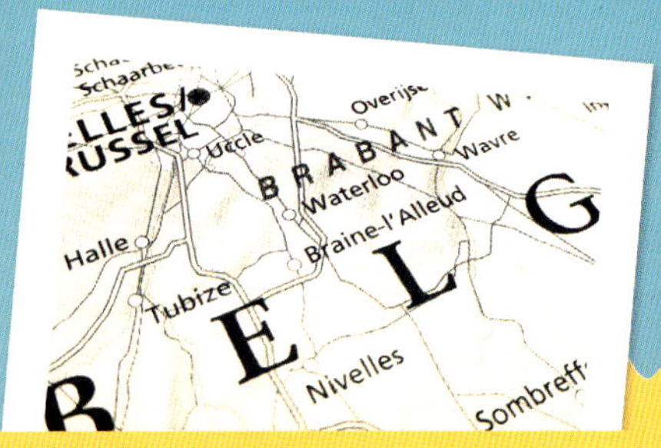

Overijse
BRABANT
Wavre
Uccle
Waterloo
Braine-l'Alleud
Halle
Tubize
Nivelles

1

LA VICTOIRE DE JULES CÉSAR SUR LES TRIBUS BELGES

57 av. J.-C.

Les conquêtes des rois francs

Ve - IXe siècle

Les premières traces de villes apparaissent en Belgique avec la conquête romaine, une soixantaine d'années avant Jésus-Christ. Les tribus qui y vivaient auparavant avaient une existence nomade* mais connaissaient bien l'agriculture et l'élevage.

LES PLUS BRAVES !

Jules César entreprend la **conquête de la Gaule** pour augmenter son pouvoir. Il raconte ses exploits dans un livre, la *Guerre des Gaules*, qui décrit pour la première fois les **tribus belges**. Selon César, ces populations occupent le territoire qui se situe entre la vallée de la Seine, et la vallée du Rhin*, à la frontière allemande.

Particulièrement **courageux au combat**, les Belges sont tout de même considérés par les Romains comme étant moins barbares que les peuples germaniques mais aussi moins civilisés que les autres populations gauloises.

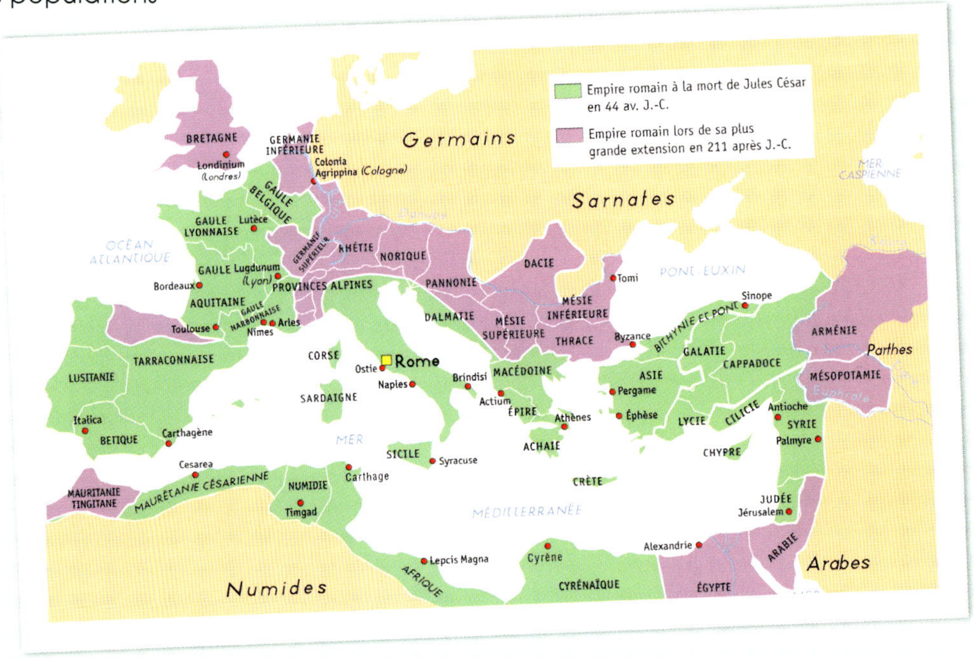

Carte de l'Empire romain au IIIe siècle

AUX FRONTIÈRES DE L'EMPIRE

Après la conquête, les Romains organisent le territoire en créant la **province de Belgique** dont la capitale est installée à Reims*. De nombreuses routes sont construites pour permettre aux troupes romaines de se rendre rapidement vers la frontière de l'empire située sur le Rhin*. Durant quatre siècles, les populations gauloises et les colons romains **se mélangent** sur le territoire belge. Ce territoire est surtout utile grâce à ses récoltes qui permettent de nourrir les garnisons militaires présentes sur le Rhin*.

Route romaine

Le savais-tu ? Jules César inscrira dans son livre : « Horum omnium fortissimi sunt Belgae ». Ce qui veut dire : « De tous les peuples de Gaule, les Belges sont les plus braves ».

L'ARRIVÉE DES PEUPLES GERMANIQUES

Mais à partir du IIIe siècle après Jésus-Christ, les Romains ont de plus en plus de **difficultés à défendre leur empire** contre les populations qui vivent de l'autre côté du Rhin* : **les Germains**.
Ils autorisent alors certaines tribus d'origine germanique à s'installer dans la province de Belgique, à condition qu'elles les aident à protéger leur frontière.

Cependant, cent ans plus tard, les fortifications cèdent, et les autres peuples germaniques finissent par **envahir la Gaule**.

CE QUE CELA A CHANGÉ :

C'est à l'époque romaine que le nom « Belgique » apparaît pour la première fois, et la population locale va peu à peu adopter la culture et les coutumes romaines.

2 LES CONQUÊTES DES ROIS FRANCS

La victoire de Jules César sur les tribus belges
57 av. J.-C.

Ve - IXe siècle

La création de la principauté* de Liège
985

Parmi les tribus germaniques qui envahissent l'Empire romain, ce sont les peuples appelés les « Francs » qui s'établissent dans la province de Belgique. Le roi des Francs Childéric Ier, puis son fils Clovis seront à l'origine de la naissance du royaume de France dont la Belgique fera alors partie.

CHILDÉRIC, GOUVERNEUR DE BELGIQUE

Après la chute des frontières romaines, les populations germaniques **envahissent l'Empire romain** et se disputent les différentes régions de la Gaule.

Le **roi Childéric Ier** dirige les Francs et parvient à contrôler une partie de la province de Belgique, située près de la mer du Nord. Childéric s'installe dans la petite ville de Tournai, qui dispose de solides fortifications protégées par le fleuve l'Escaut. Il y sera enterré en 481 avec toutes ses richesses.

CLOVIS, ROI DES FRANCS

Son fils Clovis prend à son tour le pouvoir et il entreprend **la conquête de toute la Gaule**. Il conquiert la ville de Lutèce, située sur la Seine, que l'on connaît sous le nom de Paris aujourd'hui. Il épouse la princesse Clothilde, la fille d'un autre roi germanique de la tribu des Burgondes qui occupe l'actuelle Bourgogne.

Progressivement, il se convertit à la religion de sa femme, le christianisme. En 500, il se fait baptiser à Reims*, l'ancienne capitale de la province romaine de Belgique.

À la fin de son règne, le territoire dirigé par Clovis s'étend de la vallée du Rhin* jusqu'aux Pyrénées. La capitale de cet immense royaume est déplacée à Paris, sur une île se trouvant au milieu de la Seine.

Baptême de Clovis à Reims*

CHARLEMAGNE, L'EMPEREUR

Durant les siècles qui suivent la conquête franque, le nom de « Belgique » n'est plus utilisé pour appeler le territoire autrefois occupé par les tribus belges. On l'appellera Neustrie, Austrasie, ou encore Lotharingie… La famille dite des **Carolingiens**, qui prendra le pouvoir par la suite et dont Charlemagne fait partie, régnait encore sur ce territoire. D'ailleurs, Charlemagne est sans doute originaire de la région liégeoise.

Il sera couronné empereur le jour de la Noël 800.

Portrait de Charlemagne

Le savais-tu ? L'empire de Charlemagne s'étendait des Pyrénées jusqu'aux limites de l'Allemagne ainsi que de l'Italie à la Grande-Bretagne. Il est aussi parfois considéré comme le père de l'Union européenne car, sous son règne, des personnalités de ces différents territoires se rencontraient à sa cour pour échanger leurs connaissances. Par contre, il n'est pas réellement l'inventeur de l'école !

CE QUE CELA A CHANGÉ :

Après avoir été romains, les peuples vivant dans la Belgique actuelle vont être influencés également par la culture germanique et deviendront, comme le roi Clovis, chrétiens.

3 LA CRÉATION DE LA PRINCIPAUTÉ* DE LIÈGE

Les conquêtes des rois francs
481

985

La charte de Huy
1066

Suite à des attaques menées par les Vikings*, venus de Scandinavie* par bateau, l'empire de Charlemagne s'écroule vers 850 après Jésus-Christ. Les pays d'Europe sont alors divisés entre des petits seigneurs qui se font continuellement la guerre.

LA PAIX DE DIEU

Les prêtres et les évêques* tentaient alors de s'imposer auprès des seigneurs afin de faire cesser ces conflits.

Car à cette époque, sur le territoire de l'actuelle Belgique, les habitants croyaient en Dieu et en la religion chrétienne. Ainsi, **les prêtres et autres membres de l'Église étaient très respectés**.

NOTGER, PRINCE-ÉVÊQUE DE LIÈGE

Pour consolider leur autorité, les évêques* s'installent dans les anciennes grandes villes romaines. Mais celui de Tongres décide de déplacer sa résidence **à Liège**, dans un site mieux protégé et baigné par la Meuse.

À partir des années 900, **l'évêque* de Liège** qui est très respecté, acquiert beaucoup de pouvoir. Ainsi, il n'est plus seulement un **chef religieux**, mais il devient aussi un **chef politique** qui possède des terres et construit des châteaux, comme les grands seigneurs de la région.

En 972, c'est un moine allemand appelé **Notger**, qui devient évêque* de Liège. Ami proche de l'empereur Othon, le successeur de Charlemagne, il obtient rapidement le titre de prince-évêque et contrôle alors pratiquement l'ensemble de la vallée de la Meuse, depuis les Ardennes jusqu'à son embouchure, dans la mer du Nord.

LIÈGE, CITÉ DES ARTS

Durant son règne, Notger construit une grande enceinte autour de la ville de Liège. Il bâtit aussi un palais et de nombreuses églises.

Grâce à ses fortifications, la cité devient un lieu sûr où **les arts** et **la culture** peuvent **se développer**. Les écoles locales deviennent célèbres à travers toute l'Europe et attirent de nombreux intellectuels. Liège est alors connue comme «l'Athènes* du Nord».

Le savais-tu ? Les habitants de Liège célèbrent encore aujourd'hui l'importance du rôle joué par Notger dans leur histoire. Ainsi, il existe un dicton qui dit: **« Liège, tu dois Notger au Christ et le reste à Notger ! »**

CE QUE CELA A CHANGÉ :

C'est à cette époque et grâce à la puissance de son évêque* que la ville de Liège prend de l'importance, qu'elle garde encore aujourd'hui.

4 LA CHARTE DE HUY

La création de la principauté* de Liège
985

1066

La bataille des Éperons* d'or
1302

Vers l'an mil, la vallée de la Meuse connaît elle aussi un développement économique important grâce au commerce des marchandises transportées sur le fleuve. Cette activité entraîne la naissance de petites villes où s'installent des artisans qui fabriquent des vêtements, des outils et des armes.

LA NAISSANCE DE LA BOURGEOISIE

Dans ces petites villes qui se forment le long de la Meuse, les habitants vivent de ces produits qu'ils vendent et/ou achètent. Certains deviennent même riches grâce à des relations commerciales qui leur permettent d'échanger contre des marchandises rares, des produits de leur région.

Pour protéger leur famille et leurs richesses, les habitants élèvent une enceinte qui délimite clairement un lieu appelé « **bourg** ». Dans cet espace, les habitants de ces bourgs, **les bourgeois**, sont aussi nettement moins dominés par leur seigneur.

Contrairement aux **paysans**, dans les campagnes, qui doivent non seulement payer d'importantes sommes d'argent à leur seigneur, mais pour lequel ils sont aussi obligés de travailler la terre.

Collégiale de Huy

LA CHARTE DE HUY

Dans les années 1050, le successeur de Notger au titre de **prince-évêque de Liège**, est en guerre contre le **comte de Louvain**, qui possède les terres très fertiles* du centre de l'actuelle Belgique.

L'armée du comte attaque la **ville de Huy**, possession liégeoise, et y détruit la grande église.

Lorsqu'il souhaite la reconstruire, le prince-évêque de Liège obtient de l'argent de la part des bourgeois de la cité. En échange, il leur accorde plus de libertés, en 1066, dans un document appelé « **charte** ».

Dans celle-ci, il autorise les bourgeois de Huy à désigner des responsables qui pourront gérer eux-mêmes la ville comme ils le souhaitent.

DES NOUVEAUX DROITS

UN VENT DE LIBERTÉ

Cette « charte » est le plus ancien document connu en Europe qui accorde de **tels droits** à des bourgeois. Or, cette évolution vers plus de liberté est observée dans plusieurs autres villes du continent, plus tard, à partir des années 1100.

En quelques siècles, on voit se multiplier en France, en Italie, en Angleterre, en Allemagne, etc., et bien sûr dans l'actuelle Belgique, des cités établies sur ce modèle, c'est-à-dire entourées de fortifications et gérées par les habitants et non plus par des seigneurs.

La participation des habitants à la gestion de leur ville leur apporte **plus de libertés** et les encourage à développer leurs activités artisanales ou commerçantes. Les villes prennent alors de l'importance, à côté de la noblesse et de l'Église.

CE QUE CELA A CHANGÉ :

Ainsi, peu à peu, dans la Belgique actuelle, mais aussi partout en Europe, les villes deviennent plus autonomes par rapport à leur seigneur, et les habitants gagnent en liberté.

5

LA BATAILLE DES ÉPERONS* D'OR

La charte de Huy
1066

1302

La fondation de l'université de Louvain
1425

Vers 1200, de riches villes apparaissent à leur tour à proximité de la mer du Nord, sur les terres plates de Flandre. Ces villes portuaires* deviennent progressivement les principaux lieux d'échange d'Europe et forment ensemble le comté de Flandre.

L'ÂGE D'OR DES VILLES FLAMANDES

Tout commence vers 900, au moment où les Vikings* sont en train d'envahir l'Europe. Alors qu'ils arrivent à la mer du Nord, le comte de Flandre parvient à les contenir grâce à la construction de petits châteaux forts. Par la suite, de **petites villes naissent** à l'ombre de ces châteaux et commencent à échanger des marchandises avec l'Angleterre, toute proche.

Vers 1100, elles se spécialisent dans la transformation de la laine de mouton, pour en faire des draps. Grâce à cela, les bourgeois s'enrichissent rapidement et obtiennent également **plus de droits**, comme à Huy.

Les villes de **Gand, Bruges**, **Ypres**, **Lille** ou encore **Douai** et **Arras** deviennent très indépendantes et s'affranchissent de leurs seigneurs à partir des XIIe et XIIIe siècles.

© Ana Flasker - Shutterstock.com

© Yasonya - Shutterstock.com

© Sergey Dzyuba - Shutterstock.com

© Pecold - Shutterstock.com

© Pocholo Calapre - Shutterstock.com

© streetflash - Shutterstock.com

FACE AU ROI DE FRANCE

Cependant, ces nouvelles richesses attirent l'attention des royaumes voisins, comme la France.

Le roi français **Philippe le Bel** parvient ainsi à conquérir la Flandre en 1300. Toutefois, il doit rapidement faire face à la colère des habitants des villes flamandes, qui cherchent à défendre les droits qu'ils ont obtenus auprès de leur comte.

En 1302, près de Courtrai, une grande bataille oppose la puissante armée du roi de France, composée de **plusieurs milliers de chevaliers**, aux troupes formées par les **bourgeois flamands**, moins bien équipées. Pourtant, les cavaliers français sont battus, et la petite armée flamande sort victorieuse du combat.
La Flandre échappe ainsi à Philippe le Bel.

Philippe le Bel extrait du *Recueil des rois de France* de Jean Du Tillet

DE BEAUX ÉPERONS*

Cette célèbre bataille porte aujourd'hui le nom de « **bataille des Éperons* d'or** », car les éperons* des riches chevaliers français sont triomphalement exposés en guise de trophées par les vainqueurs.
Cet événement est fêté le 11 juillet par la communauté flamande, qui en a fait le symbole de la résistance face à la domination française.

CE QUE CELA A CHANGÉ :

Cette bataille est importante, car elle montre la grande unité qui règne entre les villes flamandes et le souhait de résister au roi de France.

6 LA FONDATION DE L'UNIVERSITÉ DE LOUVAIN

La bataille des Éperons* d'or
1302

1425

La fondation de l'ordre de la Toison d'or
1430

Le comte de Louvain est l'un des plus puissants seigneurs du Moyen Âge.
Il reçoit le titre de duc du Brabant en 1183 et contrôle un territoire qui s'étend d'Anvers à Nivelle.

LE BRABANT AU XVe SIÈCLE

Situé entre le **comté de Flandre** et la **principauté* de Liège**, le **duché de Brabant** constitue le troisième grand territoire de la Belgique de l'époque.

Ce territoire est riche non seulement grâce à son agriculture, mais aussi grâce à la naissance de nouvelles villes marchandes.

Parmi ces villes, trois cités se développent plus particulièrement. Il y a tout d'abord **Bruxelles**, qui devient la capitale du duché au XIIIe siècle. Puis **Anvers**, un petit port situé sur l'Escaut, qui prend progressivement la place de Bruges comme un des plus grands ports européens au XVe siècle. **Louvain**, quant à elle, se développe surtout au XIVe siècle. Malheureusement, elle connaît des difficultés économiques après les années 1350.

© Tistudio – Shutterstock.com

© Renata Sedmakova – Shutterstock.com

© Mapics – Shutterstock.com

L'UNIVERSITÉ À LOUVAIN

À l'époque, la plupart des universités existantes sont situées essentiellement en France, en Italie, en Espagne et en Angleterre.

À partir de 1350, ce développement de l'éducation touche également l'est de l'Europe avec des nouvelles universités à Prague, à Cracovie et à Heidelberg.

C'est dans ce contexte que le duc de Brabant, Jean IV, choisit de **fonder une université** dans la ville de Louvain, afin de redonner du prestige à la ville. Le pape Martin V accorde sa permission en 1425.

Le savais-tu ? Lorsque le pape Martin V accepte la fondation de l'université de Louvain, il n'accepte en réalité la création que de trois facultés: celle des arts, celle de médecine et celle de droit.

UNE FONDATION PAS SI BIEN VUE

Au Moyen Âge, les habitants d'une ville n'étaient pas nécessairement très heureux de voir une université se créer dans leur cité. Les étudiants pouvaient se montrer très turbulents et **échappaient à la justice locale**. Ils étaient jugés pour leurs méfaits par des tribunaux particuliers dépendant directement de l'université. Les études universitaires permettent néanmoins aux jeunes gens du Brabant et des principautés* environnantes d'apprendre le droit et la médecine. Elles augmentent aussi les connaissances générales de la population, qui se montre ainsi plus ouverte **aux progrès** et **aux innovations**.

CE QUE CELA A CHANGÉ:

La création d'une université à Louvain permet aux populations de la région d'avoir une meilleure formation et éducation.

7 LA FONDATION DE L'ORDRE DE LA TOISON D'OR

La fondation de l'université de Louvain
1425

1430

La naissance de Charles Quint
1500

Alors que les différents territoires formant actuellement la Belgique (comme le comté de Flandre, la principauté* de Liège, le duché de Brabant...) sont dirigés par des seigneurs différents depuis la fin de l'empire de Charlemagne, les ducs de Bourgogne* parviennent, au XVe siècle, à rassembler ces principautés* distinctes sous leur seule autorité.

DES PAYS DISTINCTS

Le **comté de Flandre**, toujours convoité par la France suite à la bataille des Éperons* d'or, arrive finalement dans les mains de **Philippe le Hardi**, duc de Bourgogne* et plus jeune fils du roi de France, suite à son mariage avec la fille unique du comte de Flandre. Il devient un des plus puissants seigneurs d'Europe.

Son petit-fils, **Philippe le Bon**, continue à étendre son territoire. Il achète ainsi le petit **comté de Namur** en 1421, puis obtient le riche **duché de Brabant** en 1430. En 1443, il conquiert le **duché de Luxembourg**.

Il ne lui manque plus que la **principauté* de Liège** pour obtenir le contrôle de tout le territoire formant l'actuelle Belgique. Or, c'est un territoire qui est contrôlé par un évêque* et non un seigneur, depuis Notger.
Mais Philippe le Bon ne peut devenir évêque* de Liège, n'étant pas un prêtre. Ainsi, il fait nommer son neveu Louis de Bourbon à la tête de l'évêché* en 1456.

Philippe le Bon par Rogier van der Weyden

INCROYABLE MAIS VRAI !

Le comté de Namur a été acheté à Jean III de Namur, qui était très endetté et sans enfant à qui léguer ses propriétés.

L'ORDRE DE LA TOISON D'OR

En 1430, Philippe le Bon décide de fonder l'ordre de la **Toison d'or**. Il s'agit d'une distinction qui n'est accessible qu'aux plus grandes personnalités de la noblesse belge. Les membres se réunissent chaque année au cours de fêtes éblouissantes.

En créant cette luxueuse distinction, Philippe le Bon s'affiche comme **un souverain aussi prestigieux** qu'un roi de France ou d'Angleterre.

En même temps, il encourage aussi les nobles des différentes principautés* à se rencontrer et à prendre l'habitude de **travailler ensemble**.
Ainsi, Philippe le Bon tente, par ces rassemblements, de créer un pays **puissant et uni**.

Le savais-tu ? A l'époque de Philippe le Bon, les savants s'intéressent aux œuvres écrites à l'époque romaine. Ils découvrent la *Guerre des Gaules* de Jules César. Le nom de « Belgique » est alors à nouveau utilisé.

Charles le Téméraire par Rogier van der Weyden

L'EFFONDREMENT DU RÊVE BOURGUIGNON

Le fils de Philippe le Bon, **Charles le Téméraire**, n'est pas prêt, quant à lui, à se satisfaire du seul titre de « duc de Bourgogne ». Il tente donc de se faire nommer « roi », mais il succombe lors d'une des nombreuses guerres qu'il mène, en 1477.

Or, Charles le Téméraire n'a qu'une fille, Marie de Bourgogne, âgée de vingt ans. Sans armée, elle ne peut défendre la Bourgogne, qui est conquise par le **roi de France**.

Le rêve de former un grand royaume réunissant la Bourgogne et l'actuelle Belgique s'effondre.

CE QUE CELA A CHANGÉ :

En créant l'ordre de la Toison d'or, Philippe le Bon cherche à unir la noblesse vivant sur des territoires très différents. Cela crée un sentiment d'appartenance à un même pays, qui deviendra plus tard, la Belgique.

8

La fondation de l'ordre de la Toison d'or
1430

LA NAISSANCE DE CHARLES QUINT

1500

L'exécution des comtes d'Egmont et de Hornes
1568

Le 24 février 1500, naît à Gand, l'héritier des ducs de Bourgogne*. L'enfant s'appelle Charles. Il deviendra le plus puissant souverain de son époque.

CHARLES, LE CINQUIÈME

À 15 ans, Charles dirige les différentes **principautés* belges**, mais il ne règne pas sur la Bourgogne, qui a été récupérée par le roi de France aux mains de sa grand-mère Marie de Bourgogne.

En 1516, son grand-père paternel, **roi d'Espagne**, lui lègue sa couronne et ses terres, qui couvrent la majeure partie de l'Espagne, mais aussi les terres découvertes par Christophe Colomb. Trois ans plus tard, le décès de son autre grand-père lui offre le **trône d'Autriche**.

En octobre 1520, il est couronné empereur, sous le nom de Charles V, « **Carolus Quintus** » en latin.

Charles Quint du Titien

INCROYABLE MAIS VRAI !

Comme Charles Quint régnait sur de très nombreux pays, situés à la fois en Europe (Espagne, Pays-Bas, Autriche,...) et en Amérique (colonies espagnoles en Amérique du sud), les personnes de l'époque disaient qu'il gouvernait des terres sur lesquelles le soleil ne se couchait jamais...

L'ÂGE D'OR DES PAYS-BAS

Sous le règne de Charles Quint, les principautés* formant l'actuelle Belgique **renforcent leurs liens**. Elles sont dirigées par les mêmes personnes, et Bruxelles devient la capitale d'un territoire appelé généralement « **Pays-Bas** ».

Les Pays-Bas regroupent la Hollande, en plus de l'actuelle Belgique, et sont appelés ainsi à cause du **faible relief** du territoire.

Profitant de son pouvoir, Charles Quint impose à l'Europe la reconnaissance des Pays-Bas comme zone géographique échappant à **l'autorité de la France** et de **l'Empire germanique**.

Le Repas de noce de Pieter Brueghel

UN PAYS OÙ IL FAIT BON VIVRE

Durant la première moitié du XVIe siècle, les principautés* belges deviennent très riches, grâce à la paix, mais aussi au rôle important joué par **le port d'Anvers** dans le commerce international.

C'est à partir de cette époque que les habitants de la Belgique sont décrits comme de **bons vivants**, amateurs de bière et de bonnes nourritures, comme le montrent les tableaux du peintre Brueghel.

CE QUE CELA A CHANGÉ :

Charles Quint, originaire de Belgique, utilise son autorité pour protéger son pays natal d'une annexion à la France et d'une intégration dans l'espace germanique.

9

L'EXÉCUTION DES COMTES D'EGMONT ET DE HORNES

La naissance de Charles Quint
1500

1568

Le bombardement de Bruxelles
1695

En octobre 1555, Charles Quint quitte volontairement le pouvoir, affaibli par la maladie. Son fils, Philippe lui succède à la tête de l'Espagne et des Pays-Bas et son frère Ferdinand à la tête de la Germanie. La sévérité religieuse du souverain Philippe II aura un effet désastreux…

PHILIPPE II, UN ROI TRÈS CATHOLIQUE

Alors que Charles Quint règne encore sur les provinces belges, les habitants de certaines grandes villes, surtout dans le Brabant, sont tentés par de **nouvelles pratiques religieuses** venues d'Allemagne.

Ils ne supportent plus le comportement et la vie luxueuse des prêtres catholiques, et se tournent vers un christianisme plus simple, dans lequel **l'Église a moins de pouvoir sur le croyant**.

Malgré la popularité grandissante de cette religion, qualifiée de « réformée » ou de « **protestante** », le nouveau roi Philippe II reste solidement attaché au catholicisme traditionnel.

Depuis l'Espagne, où l'influence protestante n'existe pratiquement pas, il **condamne fermement** tous ceux qui sont tentés par ces nouvelles pratiques.

Portrait de Philippe II par Sofonisba Anguissola

LA DIVISION DES PAYS-BAS

Cependant, des membres de la haute noblesse des « Pays-Bas », comme **les comtes de Hornes et d'Egmont** ainsi que le puissant prince **Guillaume d'Orange-Nassau**, ont déjà choisi la religion protestante.

Ils refusent, en outre, que le souverain limite leur liberté de croyance et impose sa volonté aux populations de leurs territoires.

Furieux de cette opposition, **Philippe II ordonne une terrible punition**. Plus de mille protestants sont exécutés sans distinction de classe ou de richesse. Les comtes de Hornes et d'Egmont sont eux aussi exécutés sur la Grand'Place de Bruxelles le 5 juin 1568.

Portrait de Guillaume d'Orange-Nassau par Adriaen Thomasz Key

Le savais-tu ? Ces guerres de religion seront catastrophiques pour le port d'Anvers. Entre 1550 et 1586, la ville perd plus de cent mille habitants. Cette diminution s'explique par le départ des marchands vers d'autres villes plus sûres et surtout la fuite des protestants persécutés par les catholiques.

DEUX RELIGIONS, DEUX PAYS

Le **prince Guillaume d'Orange** quant à lui, échappe à cette répression et organise la révolte des Pays-Bas contre Philippe II.

Après des **dizaines d'années de guerre** entre catholiques et protestants, cette opposition aboutit à la **division** des Pays-Bas en deux territoires.

Au nord, les provinces protestantes groupées autour de la Hollande deviennent **indépendantes** par rapport à l'Espagne.

Au sud, les territoires de l'actuelle Belgique sont reconquis par **l'Espagne** et restent catholiques.

CE QUE CELA A CHANGÉ :

L'intolérance de Philippe II conduit à la séparation des Pays-Bas en deux territoires. L'un demeure catholique et deviendra la Belgique. L'autre sera de religion protestante et sera appelé « Hollande ».

10 LE BOMBARDEMENT DE BRUXELLES

L'exécution des comtes d'Egmont et de Hornes
1568

1695

Les Pays-Bas autrichiens
1713

Après la fin des guerres religieuses, les Pays-Bas espagnols, qui représentent environ l'actuelle Belgique, sont le théâtre de nouveaux affrontements. Ils sont l'objet de la convoitise du grand roi français Louis XIV, qui rêve d'étendre son territoire jusqu'au Rhin*.

LE ROI SOLEIL

Au XVIIe siècle, la **France et l'Espagne** sont les deux plus grandes puissances européennes. Enrichies par leurs colonies, elles s'opposent continuellement pour le **contrôle des Pays-Bas**, qui bénéficient de ports bien situés comme Anvers, et de riches villes comme Bruxelles ou Gand.

La paix semble encore possible quand Louis XIV épouse la fille du roi d'Espagne en 1660.

Cependant, cinq ans plus tard, à la mort du souverain espagnol Philippe IV, le roi de France **réclame la couronne** au nom de sa femme. Il lance son armée à la conquête des Pays-Bas, mais y rencontre une armée formée par les autres pays européens. Les combats durent jusqu'au début du XVIIIe siècle et ravagent tout le territoire de l'actuelle Belgique.

Louis XIV par Hyacinthe Rigaud

LA DESTRUCTION DE BRUXELLES

Ces guerres se résument le plus souvent à la prise de villes fortifiées, suite à de longs sièges menés par d'habiles ingénieurs comme le célèbre **Vauban**. La cité flamande de **Lille** a ainsi été conquise par les troupes de Louis XIV dès 1667.

Progressivement, le roi de France s'empare de nouvelles localités, mais, en 1695, il perd la **solide forteresse de Namur**, qui contrôle l'importante vallée de la Meuse. En représailles, il ordonne **le bombardement de Bruxelles**, une des plus riches villes des Pays-Bas espagnols.

Cette attaque dure trois jours et entraîne la destruction de près de cinq mille bâtiments, dont de nombreuses maisons en bois consumées par un incendie.

Le savais-tu ? Si la Grand'Place a énormément souffert du bombardement, une petite statue située à quelques dizaines de mètres de cet emplacement est restée intacte. Le « Manneken Pis » est devenu un symbole de la résistance bruxelloise après 1695. C'est une fontaine représentant un petit garçon en train d'uriner qui fait, encore aujourd'hui, sourire les passants…

UNE NOUVELLE BRUXELLES

Rapidement après le désastre, les différents métiers de la ville de Bruxelles, des associations qui regroupent les membres d'une même profession, font de la **reconstruction de la Grand'Place** un enjeu prioritaire.

Ils y engloutissent toutes leurs ressources, pour faire de chacune de leur maison la plus belle de la capitale. **La ville est reconstruite en cinq ans**, plus belle et plus solide qu'avant le bombardement.

L'hôtel de ville sur la Grand'Place de Bruxelles

CE QUE CELA A CHANGÉ :

Le bombardement de Bruxelles est le résultat de la colère française face à l'impossibilité de conquérir l'ensemble de la Belgique. Il a, cependant, permis la construction d'une des plus belles places du monde.

11 LES PAYS-BAS AUTRICHIENS

Le bombardement de Bruxelles — 1695

1713

La république des États belgiques unis — 1790

Suite aux terribles guerres menées par Louis XIV pour conquérir les Pays-Bas, l'Espagne est très affaiblie. Elle n'a pas été capable de défendre ses territoires et perd donc son autorité sur la Belgique.

LES HABSBOURG D'AUTRICHE

Lors de son abdication en 1555, Charles Quint avait divisé son héritage en **deux parties**. La partie la plus riche de son empire, le **royaume d'Espagne** et les **Pays-Bas espagnols**, avait été offerte à son fils **Philippe II**.

L'empire d'Autriche, moins fortuné mais plus prestigieux, avait été donné à son frère, **Ferdinand de Habsbourg**.

En 1713, les descendants de Ferdinand réclament donc que les **Pays-Bas restent dans la famille des Habsbourgs**, suite à l'extinction de la branche espagnole de cette même famille.

Portrait de Ferdinand d'Habsbourg par Hans Bocksberger der Ältere

LES BIENFAITS DE LA PAIX

Après l'annexion des Pays-Bas à l'empire d'Autriche, ces territoires connaissent, enfin, une **période de paix** jusque dans les années 1780.

Ces années sont marquées par d'importants progrès dans le domaine de **l'agriculture**. La production de céréales permet l'alimentation d'une population qui ne cesse d'augmenter. Les **fabriques de textiles** se développent de nouveau, surtout à Gand. Dans le sud des Pays-Bas, le charbon fournit de nombreux emplois aux paysans.

Cette période autrichienne est aussi l'époque où le territoire **est traversé par de nouvelles routes** construites avec des matériaux plus résistants. Bordées de grands arbres, elles sont abritées du vent et facilitent les échanges commerciaux.

Le savais-tu ? Les surplus de la production de céréales sont aussi utilisés à l'époque pour fournir les brasseries qui fleurissent à travers toutes les régions. Au XVIIIe siècle, la consommation de bière des Belges est d'environ deux cents litres par an !

SOUS LA PROTECTION DE MARIE-THÉRÈSE

© Buchscan - Wikicommons.com

Portrait de Marie-Thérèse d'Autriche par Martin van Meytens

Durant cette période de paix, les Pays-Bas sont gouvernés par l'impératrice Marie-Thérèse d'Autriche.

Tout en dirigeant avec fermeté ses territoires, elle donne naissance à seize enfants dont certains deviendront célèbres comme l'empereur Joseph II et surtout la reine **Marie-Antoinette**, épouse du roi de France Louis XVI.

Marie-Thérèse fut aussi une grande protectrice des arts et des sciences. En 1772, elle fonde **l'Académie Royale des Sciences et Belles-Lettres de Bruxelles** qui est chargée de réunir les plus grands savants du pays.

CE QUE CELA A CHANGÉ :

Durant plus d'un siècle, la Belgique est gouvernée par des souverains autrichiens. Elle connaît alors une influence germanique bénéfique sur le plan économique et culturel.

12 LA RÉPUBLIQUE DES ÉTATS BELGIQUES UNIS

Les Pays-Bas autrichiens
1713

1790

L'annexion à la France
1795

À la fin du XVIIIe siècle, **alors que la France est à l'aube de la Révolution, la Belgique quant à elle fait partie intégrante de l'immense empire d'Autriche.**

UN EMPIRE, LES MÊMES LOIS

En 1780, **Joseph II** monte sur le trône du vaste empire d'Autriche, dont la Belgique fait partie.

Pour faciliter son travail de souverain, il souhaite imposer les **mêmes règles partout**. Dès les premières années de son règne, il décide donc de changer l'organisation des institutions* des principautés* belges, qui fonctionnaient alors de la même manière depuis des siècles.

Il s'en prend aussi à l'Église catholique en supprimant une série d'abbayes qu'il considère comme inutiles.

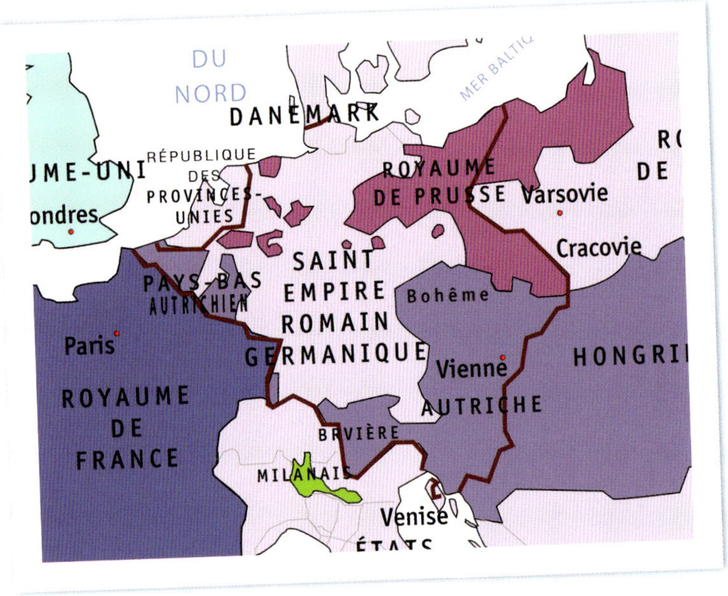

L'Europe en 1789

UN MOUVEMENT DE PROTESTATION

Ces changements ne sont pas bien accueillis par les personnes qui en sont victimes. Les religieux et les hommes politiques qui risquent de perdre leur fonction, décident **de s'unir pour s'opposer à Joseph II**. En octobre 1789, ils regroupent une armée de 3000 combattants et réussissent à **chasser les troupes autrichiennes** du territoire. L'empereur, alors en guerre contre les Turcs, ne peut envoyer de renforts et perd ainsi son emprise sur les principautés* belges.

Portrait de Joseph II d'Autriche

UNE RÉVOLUTION BRABANÇONNE

Cette révolution, alors appelée « brabançonne » car les chefs sont majoritairement issus du duché de Brabant, conduit à la proclamation d'une « **république des États belgiques unis** ». Ce nom est bien sûr emprunté aux États-Unis d'Amérique, qui ont réussi à se libérer de la domination de la Grande-Bretagne en 1776. Comme les Américains, les Belges souhaitent devenir **indépendants** et n'acceptent plus l'autorité d'un roi pour les gouverner.

Le savais-tu ? Le drapeau actuel de la Belgique avec les couleurs noir, jaune et rouge tire son origine de cette révolution «brabançonne». Les principaux révolutionnaires habitaient dans le duché de Brabant et portaient ces trois couleurs comme signe distinctif.

LE RETOUR DE L'EMPEREUR

Cependant, les dirigeants de cette république des États belgiques unis ne parviennent pas à s'entendre.

Pendant ce temps, Joseph II décède et son frère, **Léopold**, lui succède.

Désunis, les chefs de la rébellion belge sont trop faibles pour se défendre contre le retour de l'armée autrichienne. Les **révolutionnaires sont chassés** du pays en octobre 1790. Le nouvel empereur annonce cependant la suppression de toutes les réformes imposées dans les territoires belges par Joseph II.

© Yelkrokoyade – Wikicommons.com

Portrait de Léopold II d'Autriche

CE QUE CELA A CHANGÉ :

La petite république belge n'aura finalement existé qu'une seule petite année. Cependant, cet épisode est malgré tout important, car il montre l'existence d'un sentiment patriotique belge dès la fin du XVIIIe siècle.

13

L'ANNEXION À LA FRANCE

La république des États belges unis

1790

1795

La bataille de Waterloo

18 juin 1815

Pendant vingt ans, entre 1795 et 1815, les territoires belges deviennent des départements français et vivent au rythme des conquêtes de Napoléon Bonaparte.

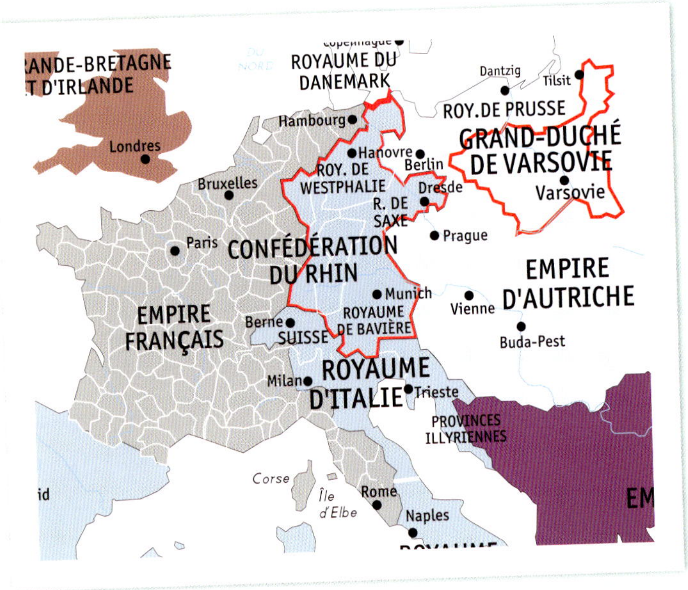

L'Europe en 1812

DEUX BATAILLES POUR UNE CONQUÊTE

En 1794, après une victoire à Jemappes (1792) et une défaite à Neerwinden (1793), les armées françaises parviennent à chasser, définitivement cette fois, les troupes autrichiennes de Belgique.

L'annexion du pays à la République française est officiellement proclamée en octobre 1795. Les anciennes principautés* sont alors supprimées et remplacées par des départements, comme partout en France.

LA GUERRE DES PAYSANS

Durant la première année de cette conquête, les Français sont confrontés à de nombreuses difficultés.

Les habitants refusent de faire partie de leur armée et n'acceptent pas les actions menées contre les prêtres. En effet, l'administration française punit les religieux qui ne veulent pas obéir à ses ordres. Les populations des campagnes, attachées à leur curé, prennent leur défense et **se révoltent** en 1798.

Cette « **guerre des paysans** » est finalement réprimée facilement par les troupes françaises.

Portrait de Napoléon Bonaparte par Jacques-Louis David

L'ORDRE NAPOLÉONIEN

Parvenu à la tête de la République française, suite à son coup d'État de 1799, **Napoléon Bonaparte** gouverne aussi les départements de Belgique.

Il y **rétablit l'ordre** grâce à un accord trouvé avec l'Église catholique. Il réussit aussi à améliorer la situation économique et à imposer une nouvelle organisation de la société.

Cependant, il oblige de nombreux jeunes hommes **à se battre sous les drapeaux français** au cours de multiples guerres menées en Europe entre 1800 et 1815.

Le savais-tu ? Dans les localités de l'Entre-Sambre-et-Meuse (à Fosses, Walcourt ou Gerpinnes), les marches napoléoniennes rassemblent des milliers de participants. Elles ont été classées au Patrimoine Oral et Immatériel de l'Humanité par l'Unesco en 2012.

EN SOUVENIR...

Le **souvenir de ces campagnes militaires** reste encore vivace aujourd'hui, dans certaines régions de Belgique, où des marches napoléoniennes se déroulent toujours chaque année.

Des jeunes hommes habillés avec des uniformes français du début du XIXe siècle parcourent des kilomètres à pied en escortant des statues religieuses.

CE QUE CELA A CHANGÉ :

Durant vingt ans, la Belgique est francisée en profondeur. La langue et la culture françaises y seront dominantes jusqu'à la fin de la seconde guerre mondiale.

14

L'annexion
à la France

1795

LA BATAILLE DE WATERLOO

18 juin 1815

La création du royaume
des Pays-Bas

15 mars 1815

En une journée, le sort de l'Europe entière se joue entre les troupes françaises, commandées par Napoléon Bonaparte et l'armée anglaise, dirigée par le duc de Wellington.

NAPOLÉON, SEUL CONTRE TOUS

Après avoir vaincu tous ses adversaires entre 1800 et 1813, Napoléon Bonaparte est submergé par les armées russes, autrichiennes et allemandes qui envahissent la France en 1814.

Il est forcé d'abandonner le pouvoir et de s'installer dans une île de la mer Méditerranée, l'île d'Elbe.

Mais il parvient à échapper à ses gardiens en mars 1815, et **reprend le pouvoir en France**.

Les dirigeants européens décident de s'unir pour vaincre définitivement l'empereur Napoléon.

Napoléon Ier quittant l'île d'Elbe de Joseph Beaume

LA BELGIQUE, LE CHAMP DE BATAILLE DE L'EUROPE

Afin d'empêcher la réunion de tous ses ennemis en une gigantesque armée invincible, Napoléon décide de les affronter séparément en dehors du territoire français.

Le 16 juin 1815, il attaque les troupes prussiennes* qui occupent le **centre de la Belgique** avant qu'elles ne s'unissent avec les soldats anglais du **duc de Wellington**.

Il obtient la victoire à Ligny, mais ne parvient pas à détruire complètement l'armée du **maréchal prussien Blücher**.

WATERLOO, L'AFFRONTEMENT FINAL

Le 18 juin 1815, dans la plaine de Waterloo, les **septante mille soldats français affrontent un peu plus de soixante-cinq mille Anglais**. Ils multiplient les attaques durant toute la journée, mais ils ne parviennent pas à faire reculer leurs adversaires.

Le soir, alors que les troupes du duc de Wellington commencent à fatiguer, le reste de **l'armée prussienne* surgit miraculeusement** sur le champ de bataille. Surpris, les Français reculent dans le plus grand désordre.

Le savais-tu ? Plus d'une centaine de villes portent le nom de Waterloo. On en retrouve surtout en Grande-Bretagne et aux États-Unis.

LA FIN DE NAPOLÉON

Assistant à la défaite de son armée, Napoléon **prend la fuite**. Finalement capturé par ses adversaires, il est emprisonné sur **l'île de Sainte-Hélène** dans l'océan Atlantique.

La localité de Waterloo est alors devenue célèbre dans le monde entier, comme symbole de la supériorité britannique.

CE QUE CELA A CHANGÉ :

La bataille de Waterloo conduit à une grande réorganisation de l'Europe. La Belgique ne fait plus partie de la France, contre l'avis de la majorité de ses habitants.

15

LA CRÉATION DU ROYAUME DES PAYS-BAS

La bataille de Waterloo
18 juin 1815

15 mars 1815

La révolution belge
1830

Après la défaite de Napoléon Bonaparte, les départements belges sont retirés du territoire français. Sans tenir compte de l'avis des habitants, les dirigeants des grands pays européens les soumettent à l'autorité du roi de Hollande.

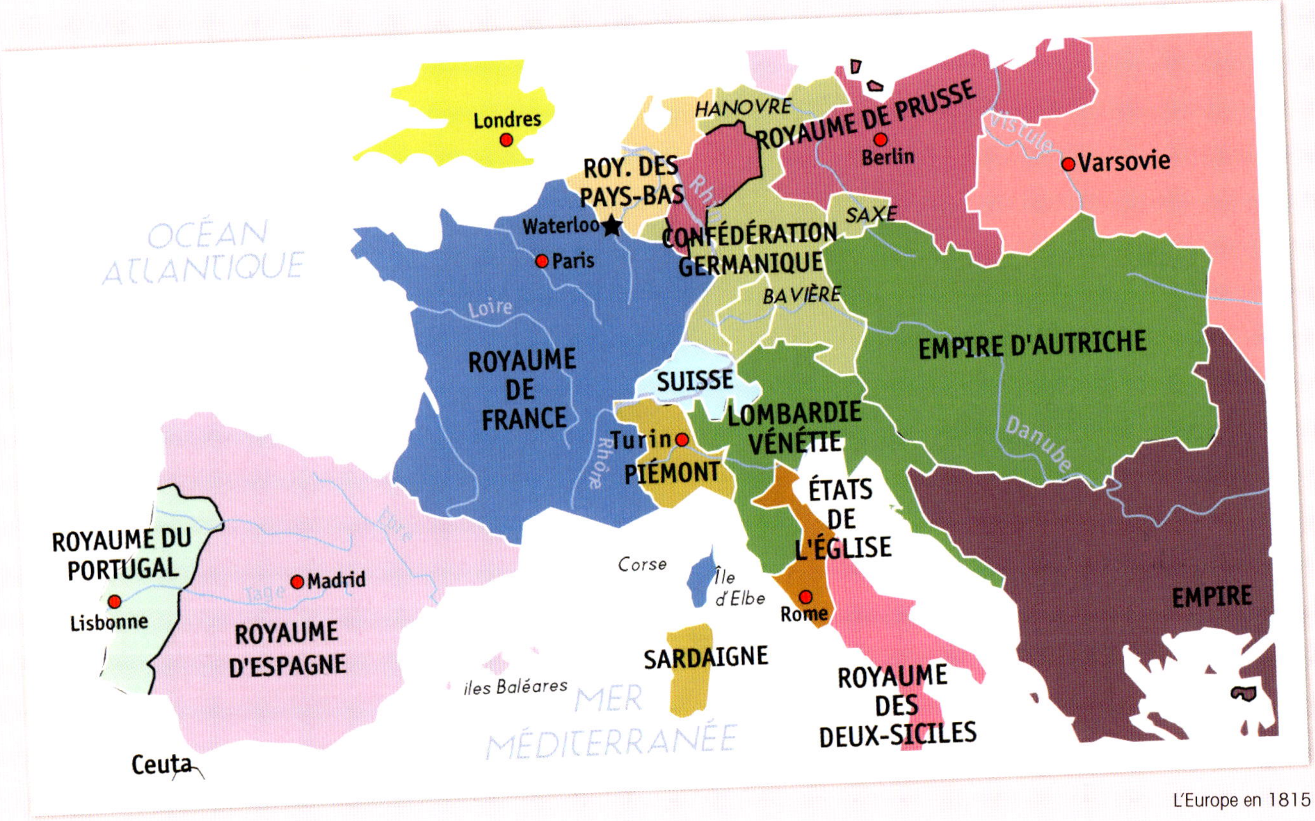

L'Europe en 1815

DE NOUVELLES FRONTIÈRES

Logiquement, les territoires belges auraient dû revenir à l'empire d'Autriche qui les possédait avant l'invasion française de 1792. Cependant, les adversaires de Napoléon Bonaparte souhaitent créer des royaumes plus puissants aux frontières de la France pour empêcher de nouvelles conquêtes.

Ils unissent, alors, les anciens départements belges aux provinces gouvernées par le roi de Hollande, **Guillaume d'Orange**, pour former le **royaume des Pays-Bas**.

DES RELATIONS DIFFICILES

Guillaume d'Orange règne sur un pays divisé. Les Belges sont **catholiques et culturellement proches de la France**. Pendant vingt ans, ils ont été habitués à utiliser la langue française. Les Hollandais, quant à eux, sont **protestants et plutôt méfiants de l'influence française**.

Afin de renforcer l'unité de son royaume, Guillaume d'Orange s'efforce de limiter le rôle des religions et d'étendre l'usage de la langue néerlandaise dans le pays. En même temps, il développe l'industrie dans les provinces belges, afin d'obtenir le soutien des populations qui vivent de ces activités.

Le savais-tu ? Guillaume d'Orange a choisi d'y placer une statue de lion, car le lion est le symbole des Pays-Bas depuis le XVe siècle.

LE LION DE WATERLOO

Pour célébrer la création du royaume des Pays-Bas, Guillaume d'Orange fait construire un imposant monument sur le champ de bataille de Waterloo. À l'endroit même où son fils a été blessé lors de la bataille contre Napoléon, il fait élever une butte de terre de quarante mètres de haut. **Un lion en fonte de 28 tonnes** surmonte le monticule.

Le Lion de Waterloo

CE QUE CELA A CHANGÉ :
Face à la domination hollandaise, les Belges développent un véritable sentiment d'appartenance nationale.

16 LA RÉVOLUTION BELGE

La création du royaume des Pays-Bas
15 mars 1815

1830

Léopold Ier devient roi des Belges
1831

Après quinze années d'existence, **le royaume des Pays-Bas est confronté à une grave crise suite au soulèvement des populations belges, irritées par la domination hollandaise.**

UN OPÉRA MET LE FEU AUX POUDRES

Pour la célébration de son anniversaire, le 25 août 1830, le roi Guillaume Ier organise de grandes festivités à Bruxelles.

Un opéra, La ***Muette de Portici***, est au programme. Ce spectacle raconte l'histoire du peuple de Naples qui se révolte contre la domination étrangère exercée par le roi d'Espagne.

Avant la fin de la représentation, les spectateurs belges quittent le théâtre et **manifestent leur opposition** à l'occupation hollandaise en attaquant des bâtiments appartenant au roi Guillaume Ier et à ses ministres.

Scène de *La Muette* de Portici

LES BELGES VEULENT PLUS DE LIBERTÉS

Pour ramener l'ordre après une nuit de débordements, des habitants de Bruxelles se regroupent et forment une petite armée d'environ dix mille hommes. Ils protègent leurs propriétés et se donnent un drapeau afin de bien se distinguer des émeutiers. Ils choisissent les couleurs brabançonnes, en souvenir des événements de 1790.

Leur exemple est ensuite imité dans d'autres villes des provinces belges. **Ces nouveaux dirigeants deviennent maîtres du pays** à la place des troupes hollandaises.

Ils envoient alors des messagers auprès de Guillaume Ier pour lui demander d'accorder plus d'attention aux demandes des Belges. En échange, ils sont prêts à accepter, de nouveau, son autorité.

Le départ des volontaires liégeois pour Bruxelles de Charles Soubre

Le savais-tu ? **En 1830, le premier drapeau belge est cousu avec les bandes de couleur placées horizontalement dans le sens rouge, jaune et noir. Ce n'est que le 12 octobre 1831 qu'une loi a fixé officiellement la composition du drapeau en précisant que les trois bandes de couleur seraient disposées verticalement dans le sens noir, jaune, rouge.**

LA BELGIQUE DEVIENT INDÉPENDANTE

En réponse, le roi envoie une **armée hollandaise** afin de rétablir son autorité à Bruxelles.

Confiantes, les troupes de Guillaume Ier avancent au cœur de la ville, où elles se retrouvent **encerclées par des combattants belges** venus de tout le pays.

Pendant la nuit du 26 au 27 septembre, elles parviennent à se sauver, mais elles sont poursuivies par les révolutionnaires. En quelques jours, les Hollandais ont quitté presque l'entièreté de la Belgique.

L'indépendance du pays sera proclamée le 4 octobre 1830.

CE QUE CELA A CHANGÉ :

L'opposition du roi Guillaume Ier au désir de liberté de la population belge conduit à l'indépendance du pays.

17

LÉOPOLD Ier DEVIENT ROI DES BELGES

La révolution belge
1830

1831

La reconnaissance de la Belgique par les Pays-Bas
1839

Après leur révolution, les Belges obtiennent la reconnaissance de leur pays par les grands états européens à condition de rester neutres. Ils ne pourront donc jamais s'allier avec un de leurs puissants voisins comme la France, la Grande-Bretagne ou encore la Prusse*.

DÉCLARATION D'INDÉPENDANCE

Après la défaite des troupes hollandaises à Bruxelles, un **gouvernement* provisoire** se réunit pour assurer l'ordre et diriger les révolutionnaires. Il refuse de reconnaître l'autorité de Guillaume Ier, qui a ordonné de tirer sur les Belges.

Le gouvernement* déclare la Belgique **indépendante** le 4 octobre 1831 et annonce l'organisation d'élections pour le mois de novembre.

Les personnes élues choisissent alors une constitution* qui fixe les principales règles d'un pays.

Dessin du Gouvernement Provisoire de Belgique de Piet Verhaert

L'ÉLECTION DE LOUIS D'ORLÉANS

Les élus décident, notamment, que la Belgique sera une royauté, c'est-à-dire qu'elle sera dirigée par un roi.

Ils élisent alors le deuxième fils du roi de France, **le prince Louis d'Orléans**, pour monter sur le trône belge.

Ce choix n'est, cependant, pas accepté par les autres grands pays européens, qui considèrent que cette décision rapproche trop la Belgique de la France, et s'oppose donc à la neutralité imposée à la Belgique.

Le roi Louis-Philippe refuse la couronne offerte par le Congrès belge à son fils de Nicolas Gosse

LÉOPOLD, LE CANDIDAT IDÉAL

Les Belges doivent alors trouver un autre roi avec l'accord des autres pays européens.

Ils découvrent la personne idéale en Angleterre. Ce pays est gouverné par Georges IV dont la fille Charlotte, qui devait lui succéder, est décédée en 1817. L'époux de la princesse, devenu veuf, vivait toujours à la cour d'Angleterre. Il était d'origine allemande et se prénommait **Léopold de Saxe-Cobourg-Gotha**. Il est apprécié par les autres pays européens.

Afin de satisfaire aussi la France, il accepte d'épouser la fille du roi de France, la princesse **Louise d'Orléans**.

Léopold est élu roi des Belges le 4 juin 1831, et prête serment le 21 juillet 1831.

Le savais-tu ? **Le 21 juillet, date à laquelle Léopold Ier prête serment, deviendra celle de la fête nationale en 1890. Avant cela, la fête nationale était le 27 septembre, date anniversaire de la défaite des troupes hollandaises à Bruxelles.**

Portrait de Léopold Ier par Franz Xaver Winterhalter

CE QUE CELA A CHANGÉ :

Sans roi accepté par les grandes puissances européennes, la Belgique n'aurait sans doute pas longtemps survécu. Léopold Ier est souvent présenté comme le véritable fondateur de la Belgique.

18 LA RECONNAISSANCE DE LA BELGIQUE PAR LES PAYS-BAS

Léopold Ier devient roi des Belges
1831

1839

Le droit de vote pour tous les hommes
1893

Alors que la Belgique a déclaré son indépendance en 1830, le roi Guillaume Ier des Pays-Bas n'accepte pas la situation et continue de considérer le gouvernement* belge comme un ennemi. Les deux pays sont en guerre entre 1830 et 1839.

L'INVASION DE LA BELGIQUE

Quelques jours après la prestation de serment du premier roi de Belgique, Léopold Ier, Guillaume Ier ordonne à son armée de restaurer son autorité en Belgique.

L'invasion commence le 2 août 1831. Elle progresse facilement, car les combattants belges sont peu entraînés. Pour défendre son nouveau pays, le roi Léopold Ier demande alors l'aide de la France, qui a promis de protéger la Belgique en cas d'attaque.

N'osant pas défier les forces françaises, les Hollandais **abandonnent les territoires conquis** et regagnent leurs frontières.

Portrait de Guillaume d'Orange par Joseph Paelink

L'ÉCHEC DE L'ORANGISME

Si Guillaume Ier échoue dans sa tentative de reconquérir militairement la Belgique, il compte sur ses **partisans*** qui se trouvent toujours **dans le pays** pour renverser le gouvernement* de Léopold Ier. Ses fidèles se recrutent surtout parmi la noblesse et les milieux industriels.

Ils choisissent la couleur orange comme signe de reconnaissance, en référence à la famille d'Orange à laquelle appartient le roi Guillaume Ier.

Trop peu nombreux au sein de la population belge, leurs **tentatives de prise de pouvoir échouent toutes**.

ENFIN, LA PAIX

Finalement, Guillaume Ier comprend qu'il ne parviendra pas à reconquérir la Belgique.

En 1838, il annonce sa volonté de faire la paix avec le gouvernement* de Léopold Ier, en **acceptant le tracé des frontières** entre les deux pays à Londres en 1831.

Cependant, les Belges auraient souhaité garder le Grand-Duché de Luxembourg ainsi que le contrôle du fleuve l'Escaut entre le port d'Anvers et la mer du Nord. Finalement, pour ne pas provoquer une nouvelle guerre, la Belgique y renonce.

La paix entre les deux pays est définitivement signée le 19 avril 1839.

CE QUE CELA A CHANGÉ :

Jusqu'à la fin des années 1830, la Belgique apparaît comme un pays très fragile.
Le traité de 1839 lui assure une paix durable, attendue depuis cinquante ans.

19 LE DROIT DE VOTE POUR TOUS LES HOMMES

La reconnaissance de la Belgique par les Pays-Bas
1839

1893

Le Congo belge
1908

Selon les règles adoptées par les Belges en 1830, le droit de vote n'est réservé qu'à une toute petite partie de la population. Un habitant sur cent, seulement, bénéficie de ce pouvoir. Il faudra attendre 1893 pour que cette inégalité soit corrigée, mais pas complètement supprimée.

UN ÉTAT PAS TRÈS DÉMOCRATIQUE

En 1830, les dirigeants de la Belgique pensent que tous les habitants ne peuvent pas participer à la vie politique du pays. Ils décident que **seuls les hommes riches** qui paient beaucoup d'impôts auront le droit de participer aux élections.

Par conséquent, **les ouvriers et les paysans n'ont pas le droit de voter** et n'ont pas la possibilité de donner leurs avis.

Dans les mines de charbon et les usines, les patrons profitent de cette situation pour obliger leurs employés à travailler de longues journées pour des salaires de misère.

Manifestation des mineurs à Charleroi par Dubois et Cosson-Smeetonn en 1968

LA CRÉATION DU POB

En 1885, les ouvriers des différentes régions de la Belgique se réunissent à Bruxelles et forment un parti politique : **le Parti ouvrier belge (POB)**.

Ils réclament avant tout le **droit de vote pour tous les Belges adultes de sexe masculin**. Le gouvernement* refuse d'abord d'entendre cette demande malgré les nombreuses manifestations organisées par le POB.

Pour forcer les dirigeants du pays, ce parti utilise aussi la **grève générale**. Il invite les employés à refuser de travailler pour bloquer un maximum d'entreprises. Ces actions entraînent généralement l'intervention violente de l'armée ou de la gendarmerie. En 1886 et en 1893, elles provoquent la mort de plusieurs manifestants.

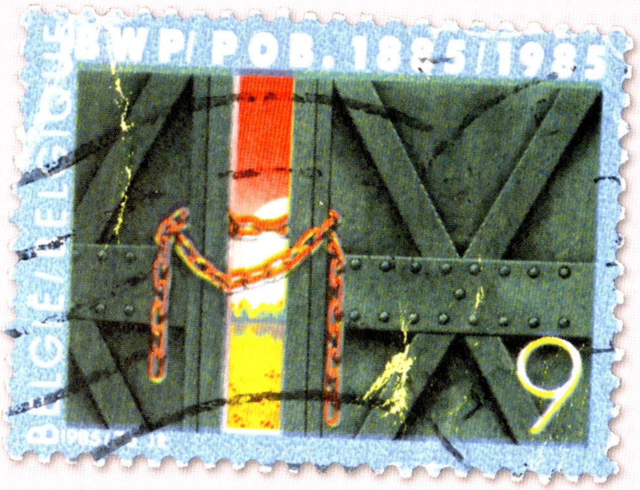

Timbre montrant la porte d'une usine enchaînée imprimé pour le centenaire du POB

UNE DEMI-VICTOIRE

Finalement, le 18 avril 1893, les dirigeants acceptent d'accorder **le droit de vote à tous les hommes de plus de 25 ans**.

Cependant, ils continuent de privilégier les Belges les plus riches qui peuvent obtenir une ou deux voix supplémentaires.

Il faudra attendre vingt-six ans, en 1919, pour que le droit de vote devienne **totalement égal** pour les hommes, avec une seule voix par habitant.

CE QUE CELA A CHANGÉ :

Le droit de vote est enfin accordé à tous les hommes habitant le royaume. La Belgique n'est cependant pas encore une véritable démocratie.

20 LE CONGO BELGE

Le droit de vote pour tous les hommes
1893

1908

L'invasion de la Belgique par l'Allemagne
1914

Alors que la plupart des pays européens ont fondé des colonies sur différents continents, la Belgique ne participe pas à ce mouvement. Par contre, le roi des Belges Léopold II souhaite obtenir des colonies à titre personnel. Il arrive à ses fins en 1885.

LÉOPOLD II, ROI DU CONGO

Avant même de succéder à son père sur le trône de Belgique, **Léopold II est un grand voyageur.**

En 1876, devenu roi des Belges, il organise une grande réunion à Bruxelles, qui rassemble des scientifiques et des explorateurs, passionnés par l'Afrique.

Il crée ensuite, l'Association internationale africaine qui finance des expéditions le long du fleuve Congo. Avec l'appui d'un aventurier britannique, Morton Stanley, il entre en contact avec les tribus vivant dans le centre de la mystérieuse forêt équatoriale, en plein centre de l'Afrique.

En 1885, les grands pays coloniaux réunis à Berlin, en Allemagne, donnent à Léopold II la souveraineté sur un immense territoire appelé « **État indépendant du Congo** ».

Léopold II de Belgique

Carte du Congo belge, aujourd'hui nommé République démocratique du Congo

UNE COLONISATION INHUMAINE

Léopold II gouverne le Congo comme un **roi absolu**.

La construction d'installations modernes comme des routes, des voies de chemin de fer, des bâtiments publics, lui coûte très cher. Pour rembourser ses emprunts, **il exploite les richesses naturelles** présentes sur son territoire : l'ivoire des défenses d'éléphant et le caoutchouc naturel récolté par les populations.

Les tribus locales sont alors **brutalisées** pour obtenir leur soumission et leur participation à l'exploitation du Congo.

Les actes de Léopold II sont de plus en plus **condamnés** par les autres pays.
Les agents de Léopold II sont par exemple accusés de couper les mains des Congolais les moins soumis.

Le savais-tu ? Le roi Léopold II mourra un an après avoir remis le Congo à la Belgique, dans son palais de Laekan, près de Bruxelles. Il n'aura jamais mis un seul pied en Afrique centrale.

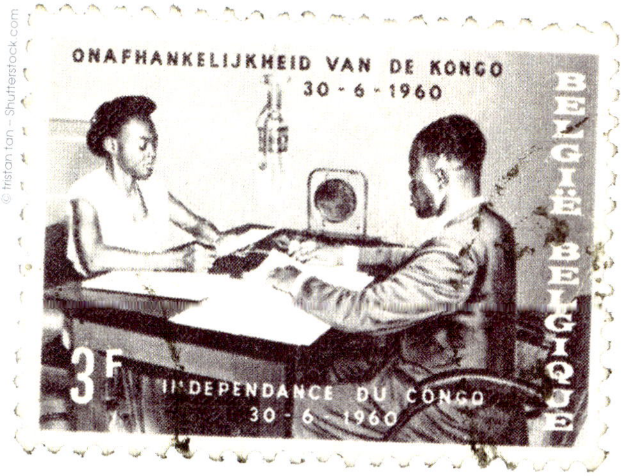

Timbre imprimé en 1960 en Belgique montrant l'indépendance du Congo

LE CONGO BELGE

Face à tant de critiques, Léopold II accepte de céder toute la colonie congolaise **à la Belgique**, le 15 novembre 1908.

La direction du pays est soumise, alors, à des **règles plus strictes**. Les actes de brutalité sont moins fréquents.

Le développement de la colonie est pris en charge par l'État belge, qui y accueillera de plus en plus d'habitants à partir des années 1940-1950.

L'indépendance du Congo aura lieu en 1960, comme la plupart des autres colonies d'Afrique.

CE QUE CELA A CHANGÉ :

Avec le Congo, la Belgique devient une puissance coloniale comme les autres grandes nations européennes.

21 L'INVASION DE LA BELGIQUE PAR L'ALLEMAGNE

Le Congo belge 1908 — **1914** — Un homme, une voix 1919

Le 4 août 1914, l'empereur Guillaume d'Allemagne lance sa puissante armée à travers la Belgique. Le roi belge Albert Ier tente de résister à cette invasion. Il reçoit rapidement l'aide de la Grande-Bretagne et de la France.

UN COMBAT INÉGAL

En 1914, l'armée allemande est considérée comme la **plus puissante d'Europe**. Elle est composée de plus de quarante millions de soldats, tous bien équipés et appuyés par une artillerie* lourde très puissante.

Les troupes belges, quant à elles, rassemblent seulement un peu plus de deux cents mille hommes peu entraînés. Elles compteront beaucoup sur les fortifications qui entourent les villes de Liège, Namur et Anvers pour retarder l'invasion du territoire en attendant l'**assistance des pays voisins**.

Susan Law Cain-shutterstock

Charge allemande

UNE INVASION BRUTALE

Le plan d'attaque allemand prévoit une **traversée rapide de la Belgique**, en vue de pénétrer au plus vite en France et de surprendre son armée.

La défense **acharnée et inattendue** du territoire belge par les troupes d'Albert Ier, aidées par des combattants français et anglais, retarde l'attaque allemande, mais sans pouvoir réellement l'arrêter.

Les envahisseurs accusent les civils de participer aux combats, alors qu'ils sont, le plus souvent, les victimes des tirs et des bombardements. Ils exécutent alors, en guise de représailles, plus de cinq mille civils innocents. Ils détruisent aussi de nombreuses localités en y allumant des incendies.

Albert Ier, roi de Belges

Le savais-tu ? **À la tête de ses troupes durant toute la durée du conflit, Albert Ier reçoit le surnom de « Roi chevalier » et bénéficie d'une grande popularité au sein de la population.**

LA BELGIQUE, SAUVÉE PAR L'INONDATION !

L'invasion de la Belgique n'est finalement pas complète car, en octobre 1914, des éclusiers belges ont une **idée brillante** : ouvrir les écluses près de la mer du Nord pour **inonder les terres**. Les soldats allemands se retrouvent alors pris dans la boue et les marécages, et ne parviennent plus à avancer face à ce nouvel obstacle naturel. Ainsi, une partie du territoire sera épargnée par l'occupation jusqu'à la fin de la guerre en 1918.

CE QUE CELA A CHANGÉ :

Grâce à la résistance face à l'Allemagne, la Belgique bénéficie d'une excellente réputation internationale symbolisée par l'héroïsme de son roi, Albert Ier.

22 UN HOMME, UNE VOIX

L'invasion de la Belgique par l'Allemagne
1914

1919

L'invasion nazie
1940

À la fin de la guerre 1914-1918, la population belge est très affaiblie suite à quatre longues années d'occupation allemande. Plus de quarante mille hommes, issus de toutes les classes de la société, ont été tués sur le front.

LE CHOIX D'ALBERT IER

Au moment où la guerre se termine, le 11 novembre 1918, le roi Albert Ier est toujours à la tête de son armée en train de reconquérir le territoire belge. Il invite alors les personnalités les plus importantes du pays pour décider de la manière de reconstruire la Belgique **après quatre années de guerre**.

Souhaitant la participation de tous les habitants à cette mission difficile, il demande la **suppression du système de vote créé en 1893** qui donnait à certains électeurs aisés deux ou trois voix, contre une pour les plus pauvres.

Selon la volonté royale, des élections sont organisées en novembre 1919 selon le principe « **un homme, une voix** ».

© wikicommons

Albert Ier, roi de Belges

LES FEMMES ENCORE EXCLUES

Par contre, les femmes **sont encore exclues**, en grande majorité, de ces élections. En Belgique, elles n'ont pas dû, comme dans les autres pays pendant la guerre, remplacer les hommes dans les usines pour permettre à ceux-ci de prendre les armes. Comme le pays a été occupé par les Allemands, ceux-ci ont interrompu les industries pour qu'elles ne puissent plus rien fournir à l'armée belge. Il n'y avait donc **plus de travail ni pour les hommes, ni pour les femmes**. Ainsi, contrairement à d'autres pays, les femmes belges n'ont pas encore eu l'occasion de prendre leur indépendance. Malgré tout, quelques douze mille femmes belges participent aux élections **en remplacement** de leur mari ou de leur fils tombé au front.

Le savais-tu ? Les femmes attendront 1948 pour qu'une loi leur accorde enfin le droit de vote comme à tous les hommes. Elles participeront, pour la première fois, aux élections de 1949.

D'IMPORTANTES CONSÉQUENCES

Ces élections, plus respectueuses de l'égalité entre les Belges de conditions sociales différentes, changent fortement la vie politique.

Désormais, les avis des populations sont mieux pris en considération. Des lois sont ainsi votées pour limiter la durée du **temps de travail**, pour accorder des **congés payés** à tous les travailleurs, ou pour fixer **les salaires** des employés en tenant compte de leurs besoins.

CE QUE CELA A CHANGÉ :

Après la guerre, il n'est plus acceptable de traiter les Belges de manière inégale. Le pays progresse dans la voie de la démocratie.

23 L'INVASION NAZIE

Un homme, une voix
1919

1940

La bataille des Ardennes
1944

Après la mort d'Albert Ier, en février 1934, son fils monte sur le trône sous le nom de Léopold III. Comme son père, le nouveau roi doit subir une invasion allemande, mais son destin sera bien différent de celui de son prédécesseur…

UNE HUMILIANTE CAPITULATION

Le 11 mai 1940, Adolf Hitler attaque la Belgique, le Luxembourg et les Pays-Bas après avoir envahi la Pologne en 1939.

Comme en 1914, l'armée belge reçoit l'appui de troupes françaises et anglaises, mais cette fois, l'offensive allemande écrase rapidement les troupes françaises, anglaises et belges, appelées les « **alliés** », grâce à l'utilisation efficace de chars blindés et d'avions bombardiers.

Après dix-huit jours de combat, le roi Léopold III constate que **la défaite est inévitable**. Pour épargner la vie de ses soldats, il décide de déposer les armes. Le 28 mai, il capitule et devient le prisonnier d'Adolf Hitler, comme plus de cent cinquante mille combattants belges.

UN GOUVERNEMENT* DÉSUNI

Pourtant, ses ministres décident de **continuer le combat** contre l'Allemagne. Ils s'installent d'abord en France, mais la défaite des troupes françaises en juin 1940 les force à trouver refuge en Angleterre.

Ils reprochent à Léopold III de ne pas les avoir accompagnés et le soupçonnent de vouloir collaborer avec Hitler. De son côté, le roi accuse les ministres de fuir le pays et de le critiquer publiquement.

Il justifie son choix en déclarant qu'il veut, comme son père Albert Ier en 1914-1918, **partager le même sort que ses soldats**.

© Yousuf Karsh – Wikicommons.com

Hubert Pierlot, premier ministre belge pendant la seconde guerre mondiale

LA BELGIQUE OCCUPÉE

Entre 1940 et septembre 1944, la Belgique est complètement occupée par l'Allemagne, qui y impose le régime nazi.

Les juifs sont persécutés, et la population belge doit obéir aux ordres d'Adolf Hitler. Des mouvements de **résistance** s'organisent, tandis que d'autres Belges préfèrent **collaborer** avec l'occupant.

Depuis Londres, les ministres tentent d'apporter leur aide aux ennemis des nazis en leur procurant les richesses naturelles du Congo.

Le savais-tu ? Les ministres belges procureront de l'uranium issu du Congo aux États-Unis. Il sera utilisé pour la fabrication des bombes atomiques par les Américains. En 1945, les bombardements atomiques américains des villes japonaises de Nagasaki et Hiroshima feront plus de deux cent mille morts.

CE QUE CELA A CHANGÉ :

Entre 1940 et 1944, la Belgique subit une nouvelle occupation allemande qui creuse de nouvelles oppositions à l'intérieur du pays, entre Flamands et Wallons, entre partisans et opposants au roi.

24 LA BATAILLE DES ARDENNES

L'invasion nazie
1940

1944

L'abdication de Léopold III
1950

L'intervention de l'armée américaine contre les armées nazies d'Adolf Hitler change le déroulement de la guerre à partir de 1944. La réussite du débarquement d'une grande armée bien équipée, en Normandie, force les troupes allemandes à quitter la France puis la Belgique durant l'été 1944. En hiver, Hitler tente une dernière attaque en Belgique.

LA BELGIQUE LIBÉRÉE

Le 3 septembre 1944, Bruxelles fête l'arrivée des troupes anglaises et américaines.

Dans les jours suivants, l'ensemble de la Belgique **est libérée** de l'occupant allemand. Les ministres, exilés en Angleterre depuis 1940, retrouvent leurs bureaux dans la capitale.

Léopold III, emmené par l'armée allemande lors de sa retraite, ne peut plus exercer sa fonction royale. Son frère cadet, le prince Charles, est désigné pour le remplacer et porte le titre de « régent ».

Le Prince Charles

Libération de Bruxelles par les troupes anglaises

LE RETOUR DES ALLEMANDS

Durant l'automne 1944, les armées anglaises et américaines s'installent en Belgique pour préparer l'**invasion de l'Allemagne** et **mettre fin à la guerre**.

Elles défendent faiblement la frontière qui sépare ces deux pays, parce qu'elle est située dans les Ardennes. Dans cette région relativement montagneuse, les déplacements sont difficiles, surtout en hiver à cause de la neige et du gel.

Surprenant ses ennemis, Adolf Hitler **lance une nouvelle attaque dans ce territoire** le 16 décembre 1944. Son objectif est de foncer à travers la Belgique et de prendre le port d'Anvers, où les Américains ont transporté leur matériel militaire.

© Francois van Bast – Wikicommons.com

Monument en remerciements pour l'aide des troupes américaines lors de la bataille des Ardennes

UN NOUVEL ÉCHEC POUR HITLER

Les combats les plus violents se déroulent autour de la ville de **Bastogne**, carrefour routier important au milieu des Ardennes.

Assiégée par des forces allemandes considérables, une poignée de soldats américains résiste pendant plusieurs semaines aux assaillants.

L'offensive d'Hitler est finalement brisée au mois de janvier 1945, grâce à l'arrivée de renforts conduits par les blindés du général Patton et protégés par l'aviation américaine.

CE QUE CELA A CHANGÉ :

Alors que les Belges pensent que la guerre est terminée, Hitler lance une offensive en Ardennes. Les soldats américains s'y défendent héroïquement et font connaître le nom de la ville de Bastogne dans le monde entier.

25

L'ABDICATION DE LÉOPOLD III

1950

L'Exposition universelle de Bruxelles

1958

À la fin de la guerre, les tensions entre Léopold III et ses ministres sont loin d'être apaisées. La Belgique se divise alors entre partisans et opposants du roi. Le pays est tout près de se déchirer.

Photo de Léopold III avec sa première femme, Astrid de Suède

LE ROI EN EXIL

Après l'échec de l'offensive des Ardennes, l'Allemagne est rapidement envahie par les armées américaines, anglaises et russes.

Suite à sa défaite, Adolf Hitler se suicide le 30 avril 1945.

Léopold III est libéré, mais son retour en Belgique n'est pas autorisé par le gouvernement* belge. Les élections de 1946 donnent le pouvoir à des personnes qui sont **contre le retour du roi**.

En mars 1948, une loi est votée, attribuant le droit de vote à toutes les femmes belges. L'année suivante, les élections sont favorables aux partisans* de Léopold III. Le nouveau gouvernement* décide d'organiser une **consultation de l'ensemble de la population** pour connaître son avis et savoir si elle souhaite ou non faire revenir Léopold III.

UN PAYS AU BORD DU GOUFFRE

Les résultats du vote organisé en 1950 donnent 57,68 % d'électeurs favorables au retour du roi. Léopold III revient en Belgique le 22 juillet 1950.

Mais très rapidement, des manifestations éclatent à travers tout le pays. C'est en **Wallonie**, la région où habitent les francophones, que les oppositions sont les plus violentes. Des affrontements entre les émeutiers et les forces de l'ordre entraînent la mort de trois manifestants.

La **Flandre**, où vivent les néerlandophones, exprime son soutien au roi et insiste pour que l'on respecte le vote favorable au retour du roi. **La Belgique est au bord de l'éclatement**…

Le savais-tu ? Certaines familles wallonnes ont reproché à Léopold III son remariage pendant la guerre. Le roi avait perdu son épouse en 1935 dans un accident de voiture. Restant seul, il partageait réellement l'existence des prisonniers de guerre séparés de leur femme. Mais en prenant une nouvelle épouse, il montrait qu'il bénéficiait d'un traitement de faveur…

ABDICATION

Pour apaiser la situation, Léopold III accepte, le 1er août 1950, d'**abdiquer en faveur de son fils aîné, le prince Baudouin**. Il sauve, ainsi, la monarchie en Belgique, tout en s'assurant une influence importante sur son jeune fils de 20 ans.

CE QUE CELA A CHANGÉ :

Adoré par une faible majorité de Belges mais détesté par tous les autres, le roi Léopold III est poussé à quitter le trône de Belgique. Le pays sort complètement divisé de cette crise.

26 L'EXPOSITION UNIVERSELLE DE BRUXELLES

L'abdication de Léopold III
1950

1958

La scission* de l'université de Louvain
1968

En 1958, Bruxelles accueille la première Exposition universelle organisée après la seconde guerre mondiale. La ville est alors la vitrine des principales innovations présentées par les pays qui y ont installé un pavillon.

EXPOSITION UNIVERSELLE

Depuis le milieu du XIXe siècle, de **grandes expositions** sont organisées tous les trois ou quatre ans dans une ville différente.

Elles accueillent **tous les pays du monde** qui souhaitent participer et montrer les **progrès** accomplis depuis l'exposition précédente. C'est, par exemple à l'occasion de l'Exposition universelle de Paris, en 1889, qu'est construite la Tour Eiffel.

La Tour Eiffel

ESPOIR D'UNE NOUVELLE ÈRE DE PAIX

La Belgique joue un grand rôle dans la création d'organisations internationales et de pactes entre pays.

En 1957, elle a signé le traité de Rome qui donne naissance à l'union entre l'Allemagne, la France, l'Italie, les Pays-Bas, le Luxembourg et la Belgique. Cette union donnera plus tard naissance à l'**Union européene**.

L'Exposition de 1958, quant à elle, exprime clairement l'espoir d'un **monde meilleur** où les nations établissent des relations pacifiques entre elles. Même les grandes puissances ennemies de l'époque, les États-Unis et l'Union soviétique (les Russes), y participent.

Atomium – © Adagp, Paris, 2019.

Le savais-tu ? L'Atomium, qui devait être détruit à la fin de l'événement, est finalement conservé pour devenir un des monuments les plus visités de la Belgique.

L'ATOMIUM, SYMBOLE DU PROGRÈS

Dans leur pavillon, les Soviétiques exposent une copie du « **Spoutnik** », le premier engin spatial piloté par un homme envoyé dans l'espace.

Les Américains présentent un film sur un écran à 360 degrés montrant les plus beaux paysages de leur pays.

La Belgique élève, quant à elle, **l'Atomium**, un gigantesque monument de plus de cent mètres de haut et pesant 2 400 tonnes. Il est constitué de neuf boules d'acier d'un diamètre de 18 mètres. Le tube central reliant le sommet de l'édifice au sol est équipé de l'ascenseur le plus rapide de l'époque. Il symbolise la **croyance en un avenir meilleur** assuré grâce aux progrès technologiques, et en particulier ceux obtenus grâce à l'énergie atomique.

INCROYABLE MAIS VRAI !

L'Exposition de Bruxelles est un réel succès populaire. Elle est visitée par plus de quarante millions de personnes, soit l'équivalent de quatre fois la population de la Belgique.

CE QUE CELA A CHANGÉ :

L'Exposition universelle permet à la Belgique de se mettre en valeur aux yeux du monde. Le pays se présente alors comme l'un des plus modernes de la planète.

27 LA SCISSION* DE L'UNIVERSITÉ DE LOUVAIN

L'Exposition universelle de Bruxelles
1958

1968

Le drame du Heysel
1985

Dans les années 1960, les tensions entre les populations francophones et néerlandophones se multiplient en Belgique. Le cas de l'université de Louvain en est un bon exemple.

UN PAYS, DEUX LANGUES

Depuis 1830, la Belgique est un pays dans lequel vivent des populations parlant deux langues différentes : **le français** et **le néerlandais**.

Jusqu'en 1960, la culture francophone domine. En 1962, la communauté néerlandophone obtient la création d'**une frontière linguistique** distinguant clairement son territoire (la Flandre), où sa langue doit être obligatoirement utilisée, du territoire francophone (la Wallonie) où le français est d'usage.

La capitale, Bruxelles, est bilingue. Les deux langues nationales y sont donc employées.

LOUVAIN OU LEUVEN ?

La ville de Louvain (*Leuven* en néerlandais) est située en **territoire néerlandophone**, à quelques kilomètres de la frontière linguistique. Une **grande université** y a été fondée au XVe siècle par l'Église catholique, et bénéficie d'une excellente réputation en Belgique comme dans le reste du monde.

Le français y est, dès lors, **très largement parlé par les étudiants** et par une bonne partie du personnel universitaire.

En 1967, les étudiants néerlandophones réclament l'application de la loi de 1962 et l'expulsion des francophones en criant « **Walen buiten** » (Wallons dehors !).

DEUX UNIVERSITÉS

Ces tensions entraînent des conflits importants entre francophones et néerlandophones dans tout le pays. Les ministres se disputent aussi, défendant chacun leur communauté.

Finalement, un **accord est trouvé** en 1968. L'université de Leuven devient exclusivement néerlandophone, mais une **nouvelle université** sera créée sur le territoire francophone pour accueillir les étudiants wallons. Les richesses de l'université sont aussi **partagées en deux**. Ce sera le cas des livres de la bibliothèque, par exemple !

Le savais-tu ? À partir des années 1970, une ville nouvelle est créée pour accueillir l'université francophone de Louvain. Elle porte le nom de « Louvain-la-Neuve ». Elle regroupe aujourd'hui plus de dix mille habitants et trente mille étudiants. Avant sa création, il n'y avait à son emplacement que des champs agricoles et quelques bois...

Bibliothèque de l'université de Louvain

CE QUE CELA A CHANGÉ :

Depuis les années 1950, les tensions se multiplient entre Wallons et Flamands. La division de la vieille université de Louvain révèle le début de l'éclatement du pays en deux communautés.

28

La scission* de l'université de Louvain
1968

LE DRAME DU HEYSEL

1985

La Belgique devient un État fédéral
1993

En mai 1985, le stade de foot national, situé au Heysel près de Bruxelles, doit accueillir un des événements sportifs les plus importants à l'époque : la finale de football de la coupe d'Europe des clubs champions. Mais la fête tourne au drame.

LIVERPOOL – JUVENTUS

La finale doit opposer les **deux meilleurs clubs de football européens** du moment. Le club anglais de Liverpool est le détenteur de la coupe, qu'il a déjà remportée à quatre reprises. La Juventus de Turin est un des plus anciens clubs italiens, et compte dans ses rangs la star de football des années 1980, le Français Michel Platini.

Le match doit montrer une belle image du football et du pays qui accueille cet événement. Attirées par cette affiche, **plus de soixante mille personnes** se rendent au stade du Heysel, dont les installations sont **trop anciennes** pour accueillir une telle foule.

LA FOLIE DE L'HOOLIGANISME

Parmi ces spectateurs, des supporters anglais ne sont pas venus seulement pour assister à un match de football, mais cherchent **à participer à des bagarres** avec les fans des équipes adverses. Ces heurts sont fréquents dans le championnat d'Angleterre et sont qualifiés d'actes de « **hooliganisme** ».

Plus d'une heure avant le début du match, les supporters anglais et italiens installés dans le stade s'échangent des insultes. Subitement, des bandes d'hooligans britanniques quittent leur place et foncent sur les spectateurs occupant la tribune voisine. Paniquées, les personnes attaquées tentent de fuir, mais s'écrasent sur les clôtures qui entourent tout le terrain de football. La police belge, surtout présente en dehors du stade, **n'est pas parvenue à contenir les violences**.

Le savais-tu ? À la suite de ce drame, de nombreux procès ont condamné les supporters anglais ainsi que des responsables politiques ayant autorisé la tenue du match dans un stade peu adapté. Le club de Liverpool a été interdit de participer à des matchs européens pendant six ans. Les stades de football ont dû moderniser leurs installations et multiplier les places assises.

UN RÉSULTAT FUNESTE

La bousculade a entraîné la mort de trente-neuf personnes. Pour éviter de nouveaux affrontements, la décision est prise de jouer la finale, malgré tout. La Juventus l'emporte un but à zéro mais la coupe est remise aux vainqueurs dans un des couloirs des vestiaires.

CE QUE CELA A CHANGÉ :

La tragédie du Heysel a beaucoup marqué les esprits et donné une image négative de la Belgique, jugée incapable d'organiser une grande compétition sportive internationale.

29

LA BELGIQUE DEVIENT UN ÉTAT FÉDÉRAL

Le drame du Heysel 1985

1993

Les attentats terroristes de Bruxelles 2016

En 1993, le pays perd son cinquième roi, Baudouin Ier, monté sur le trône en 1950 suite à l'abdication de son père Léopold III. Son frère, Albert II, lui succède. La même année, le paysage politique et administratif de la Belgique est redéfini : elle devient un État fédéral composé de régions et de communautés.

UN PAYS FÉDÉRAL

Dans un pays unitaire, comme la France par exemple, tous les habitants respectent les mêmes règles même s'ils habitent dans des régions assez éloignées l'une de l'autre.

Dans un pays fédéral comme la belgique, les habitants doivent obéir à des règles valables pour l'ensemble du pays, qui sont appelées « **lois fédérales** », mais aussi à des lois dites **régionales**, qui peuvent être différentes d'une région à l'autre.

Ainsi, tous les Belges doivent par exemple, payer des impôts selon la même règle, fédérale donc, mais ils doivent respecter des règles régionales, différentes entre les régions, pour construire leur maison selon qu'ils vivent en Flandre ou en Wallonie...

TROIS RÉGIONS

À partir de 1993, les Belges appartiennent toujours à un même pays, la Belgique, mais ils habitent dans des régions et des communautés différentes qui peuvent organiser leur vie de façon parfois très différente.

Le royaume est divisé en trois régions : **la Flandre**, **la Wallonie** et **le territoire autour de la capitale, Bruxelles**. Or, chaque région a son propre gouvernement*, qui applique des lois uniquement valables pour une seule région. Ainsi, à côté des ministres belges, il y a donc aussi des ministres pour la Flandre, pour la Wallonie et pour Bruxelles.

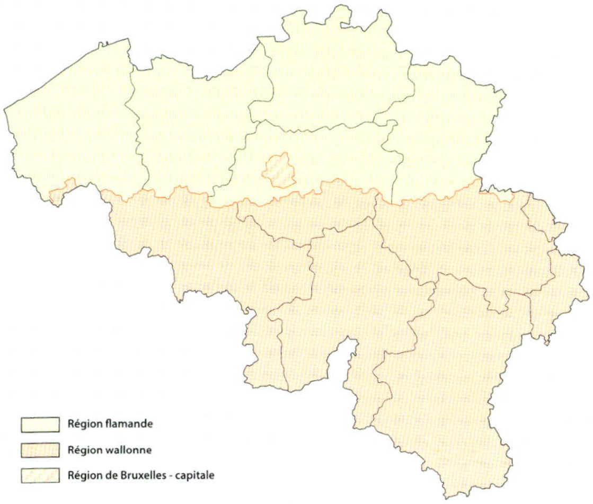

Les régions de Belgique

Les communautés de Belgique

TROIS COMMUNAUTÉS

Après la première guerre mondiale, la Belgique a obtenu de l'Allemagne quelques territoires habités par des familles germanophones.

Aujourd'hui, il y a donc trois langues parlées en Belgique : **le français**, **le néerlandais** et **l'allemand**.

Ces trois populations linguistiques sont regroupées dans trois communautés distinctes qui s'occupent, notamment, de l'enseignement dans chacune de ces communautés.

UN PAYS UNI ?

Ce système politique est donc devenu très compliqué, mais il a permis que la Belgique reste **un pays uni**, même si ses habitants, néerlandophones ou francophones, **ne parviennent pas à se mettre d'accord**.

Personne ne sait si cette situation pourra encore durer longtemps car, en Flandre, beaucoup d'habitants souhaitent que leur région devienne un pays indépendant de la Belgique…

CE QUE CELA A CHANGÉ :

La Belgique n'est plus un État unitaire mais une construction complexe de régions et de communautés distinctes.

30 LES ATTENTATS TERRORISTES DE BRUXELLES

La Belgique devient un état féderal

1993

2016

Depuis les attentats commis aux États-Unis en septembre 2001, les pays occidentaux sont la cible d'attaques de terroristes qui cherchent à tuer un maximum de personnes de manière spectaculaire. La Belgique est aussi victime de ces violences en 2016.

DES TERRORISTES VENUS DE BELGIQUE

En novembre 2015, **six terribles attaques** ont lieu à **Paris** et font plus de cent trente morts en une soirée. Rapidement, les enquêteurs découvrent que les auteurs de ces attentats viennent de Belgique, et plus particulièrement de Bruxelles.

Ces terroristes sont, pour la plupart, de jeunes gens nés en Europe, dans les communautés de culture musulmane, et ont participé à des combats en Syrie ou en Irak. Là-bas, ils ont été éduqués à haïr le mode de vie européen, et entraînés à commettre des crimes violents. Revenus dans leur pays natal, ils forment des équipes déterminées à réaliser des **attentats**.

DEUX EXPLOSIONS MEURTRIÈRES

En mars 2016, les membres du même commando que les attentats de Paris font exploser des bombes dans le hall de départ de l'**aéroport de Zaventem** et dans **une station de métro** de Bruxelles : Maelbeek.

Les cibles choisies par les terroristes montrent que c'est le **caractère international** de la capitale belge qui est visé. Le bilan des victimes est de trente-deux morts et trois cent quarante blessés. Une minorité des personnes touchées est de nationalité belge.

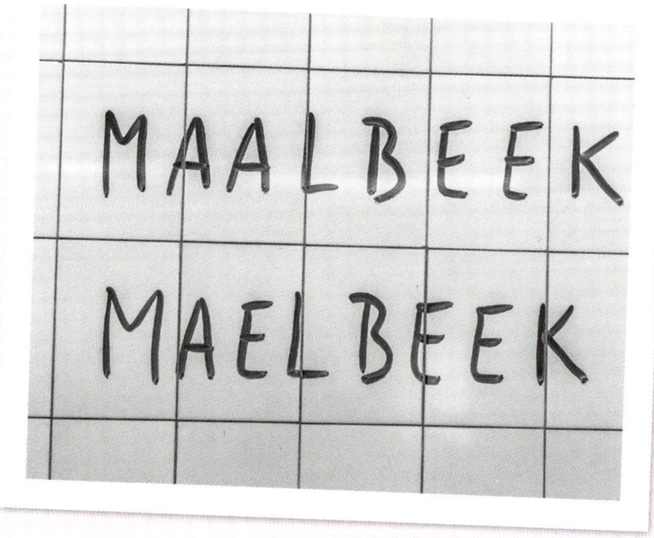

ENTRE CRAINTES ET HOMMAGES

Pendant plusieurs mois après ces attaques, toute la Belgique vit dans la crainte de **nouveaux attentats**. L'armée est déployée dans les rues des grandes villes belges, et plusieurs manifestations sont annulées.

La population belge reçoit des marques de sympathie du monde entier. Des **hommages sont rendus aux victimes** sur la place de la Bourse à Bruxelles. Cet endroit devient le lieu de rassemblement des personnes qui refusent de céder au terrorisme.

Le hall de l'aéroport de Zaventem est rapidement rouvert. La grande statue qui le décorait et qui avait été endommagée par les bombes est devenue un des symboles de ces attentats.

CE QUE CELA A CHANGÉ :

Confrontés, comme d'autres pays, aux violences terroristes, les Belges manifestent leur union pour faire face à la cruauté. Unis malgré tout !

GLOSSAIRE

ARTILLERIE Groupe d'armes servant à atteindre l'ennemi à distance grâce à des projectiles : obus, boulet roquette, missile…

ATHÈNES Athènes est la capitale de la Grèce. C'est une ville qui a eu un grand rôle dans l'Antiquité grecque en ce qui concerne le développement des arts et de la démocratie.

CONSTITUTION Il s'agit d'un ensemble de lois qui définissent les grandes règles d'organisation d'un pays. Ainsi, il est inscrit dans la constitution belge que les Belges sont égaux face à la loi, par exemple, sans distinction, notamment entre homme ou femme, etc.

DUCS DE BOURGOGNE Les ducs de Bourgogne étaient les dirigeants du duché de Bourgogne, un territoire se trouvant à l'est de la France.

ÉPERON Il s'agit d'un instrument d'équitation fixé au talon du cavalier, lui permettant d'effectuer une pression plus précise sur le flanc du cheval.

EVÊQUE ET ÉVÊCHÉ Un évêque, dans le catholicisme, est un membre de l'Église qui s'occupe de l'enseignement de la religion sur un large territoire, appelé évêché ou diocèse.

FERTILE Une terre fertile est une terre qui produit des récoltes abondantes.

GOUVERNEMENT Personnes qui dirigent un pays.

INSTITUTION Groupe de personnes chargé d'organiser le fonctionnement d'un pays. Il peut, par exemple, assurer la collecte des impôts, rendre la justice ou encore fabriquer la monnaie.

NOMADE Personne qui vit en se déplaçant continuellement, en suivant par exemple des troupeaux d'animaux ou en pratiquant des vols et des pillages.

PARTISAN Personne favorable à quelque chose ou à quelqu'un.

PRINCIPAUTÉ Territoire soumis à l'autorité d'un seigneur pouvant porter différents titres (duc, comte, prince, etc.). Il peut être indépendant ou appartenir à un royaume plus important.

PRUSSE Partie de l'Allemagne qui a formé un royaume indépendant entre le XVIIe et le XIXe siècle.

REIMS C'est une ville française qui se trouve aujourd'hui à l'est de la France, et qui fut autrefois la capitale de la province romaine appelée « Belgique ».

RHIN Le Rhin est un fleuve européen qui prend sa source dans les Alpes suisses, et va se jeter dans la mer au niveau des Pays-Bas. Il traverse ainsi aujourd'hui la Suisse, l'Allemagne et les Pays-Bas.

SCANDINAVIE Ensemble des pays situés au nord de l'Europe dans les régions froides. Aujourd'hui, ces territoires se trouvent en Suède, en Norvège, en Finlande et au Danemark.

SCISSION Division, séparation.

VIKINGS Les Vikings étaient des guerriers et explorateurs venus des pays scandinaves (Danemark, Norvège et Suède). Ils ont envahi une partie de l'Europe entre 793 et 1066.

VILLE PORTUAIRE Ville située en bordure de mer ou d'un fleuve et qui a un port.

Directrice éditoriale : Laura Lévy
Éditrice : Adrienne Heymans
Responsable studio graphique : Sabrina Regoui
Mise en pages : Sophie Coupard
Fabrication : Anne-Laure Giret
Correction : Vscript

Fabriqué par les éditions Auzou
24-32, rue des Amandiers, 75020 Paris - France.
Imprimé en Chine. Printed in China.
Produit conçu et fabriqué sous système de management
de la qualité certifié AFAQ ISO 9001.
 Loi n° 49-956 du 16 juillet 1949
sur les publications destinées à la jeunesse, modifiée par la loi n° 2011-525
du 17 mai 2011. Dépôt légal : septembre 2018 .
auzou.fr